LETTRES PASTORALES,

L'une du Chapitre de l'Eglise d'Elvas; l'autre du College de la sainte Eglise de Lisbonne, en exécution de la Lettre Royale du 19 Janvier 1759, pour détruire & anéantir les erreurs impies & séditieuses que les Jésuites ont voulu semer dans ces Royaumes,

Avec un coup d'œil de leur usurpation dans l'Amérique Espagnole & Portugaise.

1759.

LETTRE
PASTORALE

Du Chapitre de l'Eglise d'Elvas, le Siége vaquant, en exécution de la Lettre Royale du 19 Janvier 1759.

LEs Doyen, Dignitaires, Chanoines & Chapitre de la Sainte Eglise Cathédrale de cette Ville & Evêché d'Elvas, le Siége vaquant, à tous nos Sujets, Diocéfains de cet Evêché, qui, la préfente Lettre Paftorale, verront, & qui en auront connoiffance : Salut & Paix en Notre-Seigneur Jefus-Chrift.

Sçavoir faifons, que le devoir de la charité paftorale que nous exerçons en ce jour, nous obligeant de veiller à ce que le troupeau des Fidéles, dont la conduite fpirituelle nous eft confiée dans ce Diocèfe, foit écarté des pâturages empeftés, & ne foit pas nourri de doctrine empeftées, étant d'ailleurs affurés, foit par la connoiffance particuliere que nous en avons, foit par la notoriété publique, que les Religieux de la Compagnie de Jefus les enfeignent par une erreur déplorable, & les mettent en pratique par un exemple très-pernicieux, nous devons employer tous nos foins à couper court à une doctrine, dont le venin est si dangereux, & qui ne s'est déja que trop accréditée par les sacriléges effets que nous n'avons pu voir sans horreur.

A ces causes, n'ayant rien tant à cœur que d'en préserver les Diocésains de cet Evêché, nous avons suspendu, & tenons pour suspens de tout exercice de Confession & de Prédication les Peres de la Compagnie de Jesus, dans toute l'étendue de cet Evêché, même dans leurs propres Eglises, leur défendons d'enseigner, soit en public, dans les Chaires, où ils avoient accoutumé de professer, soit en particulier, en aucune maniere, le cas présent subsistant ; en outre, défendons à tous les Diocésains sujets de cet Evêché, sous peine d'excommunication majeure, encourue *ipso facto latæ sententiæ*, d'ouir ou de prendre les leçons & la doctrine des susdits Peres.

Et afin que les Présentes parviennent à la connoissance de tous, nous ordonnons qu'il en soit expédié des copies, signées par nous, avec les formalités ordinaires, & scellées du sceau de nos armes, pour être affichées dans tous les lieux accoutumés. Donné en cette ville d'Elvas, dans notre Chambre Capitulaire, le 12 Février 1759.

Je Pere Pereyra, Ecrivain de la Chambre Episcopale, ai écris la présente.

† *Signés,* J. C. de LARA, Doyen.
A. L. PEREYRA D'ABREU, Chanoine, Secrétaire.

LETTRE

PASTORALE

*De l'Excellentissime & Révérendis-
sime College de la sainte Eglise de
Lisbonne, le Siége vaquant, pour,
détruire, abolir & anéantir les
erreurs impies & séditieuses que
les Religieux de la Compagnie de
Jesus ont voulu semer parmi les
Peuples de ces Royaumes.*

NOus les principaux Prêtres & Doyen
de la sainte & Patriarchale Eglise de
Lisbonne, le Siége vaquant, à toutes les
Personnes Eccléfiastiques & Séculieres
dudit Patriarchat, Salut & Paix.
SA MAJESTÉ Très-Fidéle ayant dai-
gné nous faire sçavoir, par une Lettre
signée de sa main, en date du seiziéme
Décembre dernier, que la providence du
Très-Haut avoir préservé sa Royale &
Très-Fidéle Personne d'un horrible &
exécrable attentat, tel qu'on n'a jamais
lu dans les annales Portugaises, & qui
tendoit à nour ravir une vie aussi estima-
ble & aussi prétieuse par la plus barbare
& la plus cruelle audace, le trois de Septembre de l'année derniere ; aussi-tôt, en
reconnoissance d'un si grand bienfait ;
nous rendîmes de solemnelles actions de

graces au Dieu tout-puissant pour une faveur aussi signalée , dans ladite sainte Eglise Patriarchale , & nous ordonnâmes que le même se pratiquât avec le plus grand éclat dans toutes les Eglises du Patriarchat.

Après avoir procédé à l'examen & à la vérification des preuves contre les coupables , & ceux qui ont été compris dans cet abominable & exécrable crime , pour leur faire subir un châtiment proportionné à l'énormité de leur faute , & pour servir d'exemple aux autres , ledit Seigneur Roi vient tout récemment de nous apprendre que cet attentat , inspiré par l'enfer , tenoit aux principes d'une morale erronée & déja condamnée par plusieurs Souverains Pontifes , dont on avoit renouvellé la pratique , pour mieux persuader à ces monstrueux assassins que leur action injuste , infâme & barbare étoit licite ; Sa Majesté nous recommandoit instamment de faire de notre part tous nos efforts pour arracher jusqu'à la racine de si pernicieuses idées , comme il paroît par sa Lettre du 19 Janvier de la présente année , dont la teneur s'ensuit.

A nos Amés les Premiers , Principaux & Collége de la Ste Eglise de Lisbonne , Salut.

Par les deux imprimés qui accompagneront la Présente , & qui sont signés par Sébastien-Joseph de Carvalho & Mello , de mon Conseil, & Secrétaire d'Etat des affaires du Royaume , pour que foi soit ajoutée comme aux originaux, vous ſerez informés que le douze du courant mois de Janvier, il s'eſt rendu une Sentence dans le Tribunal de l'Inconfidence contre les coupables de l'attentat barbare & ſacrilége, qui ſe commit contre ma Perſonne la nuit du 3 Septembre dernier. Vous ſerez auſſi informés des ordres que j'ai envoyés au Docteur Pierre Gonzalves Cordeyro Pereyra, membre de mon Conſeil, Chancelier de l'Hôtel des Requêtes, y faiſant les fonctions de Préſident, pour réprimer en partie les Religieux de la Compagnie de Jeſus, dont le gouvernement relâché s'eſt rendu, non pas complice ſeulement, mais principal auteur des crimes de Lèze-Majeſté au premier chef, haute trahiſon & parricide, objet de ladite Sentence: Leſdits Religieux, pour corrompre les conſciences des abuſés qu'ils ont rendu coupables de ce crime, & qui viennent d'être punis, ſe ſont ſervis de moyens exécrables qu'ils ont employés pluſieurs fois en ſemblables cas, comme de répandre, en tâchant de perſuader par l'abus du ſacré miniſtère, le venin des menſonges, dictés par Machiavel, & des principes oppoſés à l'Evangile, auſſi-bien qu'hérétiques, impies & ſéditieux, & détruiſant la charité chrétienne, la ſociété civile, & la tranquillité des Etats: quoique principes condamnés, anathématiſés & proſcrits de l'Egliſe de Dieu, principalement par les Souverains Pontifes, Alexandre VII & Innocent XI, les mêmes Religieux ont fuggéré & fait pratiquer ces erreurs réprouvées comme telles par le faint Siége, & celles encore qui font relevées dans l'Ecrit que vous recevrez auffi avec la Préfente.

Et comme il eft manifefte, non-feulement par l'évidence des preuves fur lefquelles eft fondée la Sentence fufdite, mais encore par d'autres faits qui font parvenus à ma connoiffance, & confirmés avec une certitude égale, que les fufdits Religieux fe font propofés pour objet principal de leurs clandeftines manœuvres, d'empoifonner de leur pernicieufe doctrine, non-feulement la Cour, mais encore les Provinces du Royaume, en furprenant la pieufe crédulité des Fidéles, pour les aliéner par des fuggeftions autant imperceptibles que finiftres de leurs obligations effentielles à l'égard du prochain, & de l'obéiffance qu'ils doivent au Trône, foit comme Chrétiens, foit comme Sujets, il m'a paru que, fans différer davantage, je devois vous faire part de tout ceci, afin qu'ayant connoiffance de la nourriture empoifonnée que la malignité a prétendu donner à vos ouailles, vous puiffiez la faire retirer, fuivant vos obligations & par votre autorité paftorale ; & ne laiffer, au lieu d'un fi mortel poifon, qu'une nourriture utile & falutaire dans les champs que cultivoient les ouvriers zélés & exemplaires de la vigne du Seigneur.

Ecrite en ce Palais de Notre-Dame du Secours, le 19 Janvier 1759.

Signé, LE ROY.

Ensuite de quoi il a été démontré, que les erreurs impies & séditieuses qu'on a suscitées de nouveau, sont les suivantes. Premierement, celui qui veut perdre une personne ou le gouvernement, doit commencer cette œuvre abominable par répandre des calomnies propres à diffamer la susdite personne ou le gouvernement, étant certain qu'un calomniateur de cette sorte trouvera toujours un assez grand nombre d'hommes naturellement enclins à croire le mal ; il s'ensuivra de-là, que faisant perdre en peu de tems tout crédit à la personne calomniée, celle-ci perdra bien-tôt, avec la bonne opinion, toutes les forces principales qui consistent dans la réputation, pour être bien-tôt livrée à toute la vengeance du calomniateur.

Secondement, l'avantage du propre intérêt peut être un motif pour projetter & effectuer la mort du prochain.

Troisiémement, quand il est nécessaire pour la santé du corps, pour l'honneur & les biens, on peut mentir & user pour la même fin d'amphibologie mentale, qui cachent la vérité des paroles pour ce qui regarde le passé, & qui puissent s'expliquer dans un sens convenable quant à l'avenir ; lesquelles erreurs téméraires se trouvent réprouvées & condamnées, comme scandaleuses & dangereuses dans la pratique, par les Souverains Pontifes Innocent XI, spécialement dans les propositions 44, 53, 55, 30, 31, 32, 33, & dans les 24, 25, 26 & 28 de son décret, du 2 de Mars de l'année 1679, & Alexandre VII, dans les propositions 17, 18, 19 & 28 de son décret du 2 de Septembre 1665.

Nous, considérant avec le plus vif sentiment, & non sans une grande amertume de cœur, qu'il puisse y avoir ou qu'il y ait des personnes qui, oubliant pour toujours les préceptes de l'Evangile, la tradition, les Conciles, les Constitutions Apostoliques & le consentement unanime des Saints Peres (abandonnant cette doctrine solide qui sert à faire fructifier l'Eglise de Dieu & à maintenir le peuple chrétien sous la conduite infaillible de l'Eglise Catholique Romaine, dont l'œil toujours ouvert sur les entreprises de l'ennemi commun, est toujours attentif à extirper les erreurs que le démon tâche sans cesse d'y introduire, pour corrompre ses dogmes s'il étoit possible) enseignent, pratiquent & travaillent à persuader des opinions déja proscrites, condamnées & reprouvées par le Siége Apostolique, non - seulement dénuées de toute probabilité, mais de plus erronées, séditieuses & téméraires, scandaleuses & dignes de toutes les autres censures dont elles ont été frappées dans leur condamnation; ce que voulant prévenir de notre part, afin que les sujets de ce Patriarchat n'avancent pas de semblables maximes, mais les plus pures & les plus saines, comme les plus propres à la conservation de la foi, de la Religion, de la piété catholique, au maintien de la société civile, du respect & de l'obéissance inviolable dûe aux Princes & aux Supérieurs, pour obtenir par là cette félicité éternelle & temporelle qui fait les fondemens solides d'une Monarchie Catholique ; & comme pour jouir de ce bien précieux nous devons, avant toutes choses, recourir à Dieu Notre-Seigneur, & supplier sa suprême bonté de conserver dans ce Royaume la foi la plus pure, l'observance inviolable des décrets des Pontifes, l'obéissance exacte, jointe à l'amour le plus tendre pour ses Princes & ses Supérieurs, nous délivrant de ces pernicieuses maximes, de ces idées diaboliques, de ces erreurs exécrables, de ces sinistres intentions si opposées à la religion & à l'observance de notre foi : mandons à tous nos sujets, & recommandons à tous les Réguliers que dans le saint sacrifice de la Messe, dans les Offices divins & dans les autres exercices spirituels, ils ayent à prier Dieu sans cesse qu'il daigne nous accorder par son immense bonté l'effet de nos demandes, ne permettant pas que les erreurs se renouvellent, mais qu'elles demeurent pour jamais totalement extirpées, & que la foi & la Religion, dont nous connoissons si bien le prix, demeurent parmi nous inaltérables ; & pour tirer aussi du châtiment & de la peine un moyen plus facile de bannir cette doctrine aussi pernicieuse que détestable, nous déclarons par les Présentes que toutes les susdites propositions sont proscrites & justement condamnées, com-

me erronées , féditieufes , impies , mal-
fonantes , fcandaleufes , & en tout con-
traires à la doctrine de l'Evangile & à la
pureté de la foi. Ainfi ordonnons à toutes
perfonnes de ce Patriarchat , de quelque
état , prééminence & qualité qu'elles
foient , de n'y pas enfeigner , pratiquer ni
perfuader aucune maxime qui fe puiffe
réduire à quelqu'une des fufdites propofi-
tions condamnées par les Pontifes. En
outre ordonnons auffi , fous peine d'excommunication , *latæ fententiæ* , à toute nos
fujets d'éviter toutes perfonnes , quelles
qu'elles foient , qu'ils fçauront qui pratiquent ou enfeignent les fufdites erreurs ,
de ne point communiquer avec elles , pour
n'être pas infenfiblement infectés de leurs
opinions pernicieufes & réprouvées , de
les dénoncer dès qu'ils les connoîtront , à
nos Miniftres députés dans tout le Patriarchat pour recevoir les dénonciations , lefquelles ils nous repréfenteront , en procé-
dant en la forme du droit , avec toute
l'intelligence & le foin requis ; ce que
nous leur commandons avec inftance ,
afin que d'une voix unanime on puiffe
détruire , abolir & anéantir des maximes fi abominables , fi oppofées à la Religion & à la tranquillité fpirituelle &
temporelle de nos fujets. Et afin que notre préfente Lettre Paftorale vienne à
la connoiffance de tous , nous ordonnons
qu'elle foit publiée & affichée dans toutes
les Eglifes & Monaftères de ce Patriarchat, d'où elle ne pourra être enlevée fous

peine d'excommunication. Donné à Lifbonne, & figné des trois Principaux, & fcellé du Sceau de cette fainte Eglife de Lifbonne le 19 de Février de l'an 1759, le Siége vaquant. D. PRINC. PORTUGAL. D. PRINC. LUTEO. R. PRINC. DE MOMA SILVA, par le commandedement de l'excellentiffime & révérendiffime Collége Chriftoral de Rocha Cardofo.

Coup d'œil fur l'ufurpation des domaines de l'Amérique Portugaife & Efpagnole, faite par les Jéfuites.

ON peut réduire à cinq points principaux les moyens abufifs dont les Religieux de la Compagnie de Jefus fe font fervis pour ufurper les domaines de l'Amérique Portugaife & Efpagnole, & fe maintenir dans ladite ufurpation.

PREMIER POINT.

Ufurpation de la liberté des Indiens.

Puffendorfs remarque au livre troifiéme du droit de la nature & des gens, chap. 2, §. 8, que l'orgueil des Grecs étoit monté à ce point d'arrogance, de fe croire, contre toutes les lumieres du droit naturel, le feul peuple libre fur la terre, & de régarder les autres nations comme barbares & efclaves par nature; & cette injufte & fauffe opinion que le Docteur Proteftant condamne & reprouve dans une nation infidéle, qui étoit dépourvue de la connoiſſance du vrai Dieu, eſt la même que les Religieux de la Compagnie de Jeſus réaliſent par leurs aſſertions & par la pratique de pluſieurs années, ſous le même prétexte de regarder comme barbares les Indiens des deux Amériques, tandis que c'eſt une vérité conſtante que les Indiens ſont libres par nature, vérité ſi conforme au droit naturel & divin, comme le prouve par pluſieurs textes & par l'autorité de pluſieurs Docteurs, Solorzano dans ſon traité *de Jure Indiarum*, tom. 1, liv. 3, chap. 7, n. 31, 33 & 35.

Ainſi l'ont déclaré les ſouverains Pontifes Alexandre VI, Paul III & Clément VIII, comme le rapporte le même Solorzano, *ibid.* n. 34, 54 & 55 ; & de la maniere la plus expreſſe Benoît XIV par une Bulle pleine de beauté & d'élégance du 20 Décembre 1741.

Ainſi l'ont décidé les Rois de ce Royaume, en ſe conformant aux ſuſdites Bulles par des loix multipliées, l'an 1570, 1587, 1595, 1609, 1647, 1655, 1680, qui ont été récemment confirmés par le Roi régnant dans le préambule de la loi portée ſur cette matiere le 6 Janvier 1755. Les Rois Catholiques d'Eſpagne n'ont pas été moins attentifs, comme il paroît par pluſieurs loix, où éclatent également leur piété & leur ſageſſe, & fondées ſur les mêmes motifs, depuis la premiere inſtruction qui fut donnée à Chriſto-val-

Colon., ainſi qu'il eſt rapporté chez le même Solorzano, liv. 3, chap. 6, n. 6, 28,
29, 30, 31, 32, 33, 34; & chap. 7,
n. 55, 56, 57, 58, 59. Cependant, en
dépit du droit naturel & divin, nonobſtant
les Conſtitutions Apoſtoliques & tant de
loix émanées de l'autorité royale, la con-
voitiſe des mêmes Religieux de la Compagnie de Jeſus a prévalu juſqu'à nos jours,
pour retenir dans l'eſclavage les Indiens,
& parvenir aux fins malheureuſes qui ache-
vent de ſe manifeſter à nos yeux d'une maniere ſi digne de larmes.

SECOND POINT.

Uſurpation de la propriété des Biens des Indiens.

La propriété des biens eſt de droit naturel & des gens Puffendorfs, droit de la
nat. tom. 1, liv. 4. chap. 4, Voyez tout le
chap. très-bien expliqué dans le § 14.

Ce droit de propriété appartient incon-
teſtablement aux Indiens, comme étant
les premiers Habitans, & les Poffeffeurs
naturels des Terres qu'ils occupoient
avant la conquête qui en fut faite ſur eux.
C'eſt auſſi ſur ces principes infaillibles que
Puffendorfs a trè-bien traité tom. 1, liv.
4, chap. 6. (Voyez le chapitre preſqu'en
entier) & ſur ces ſolides fondemens que
ſont établies les Loix de Portugal & d'Eſpagne.

Il eſt certain que les Loix d'Eſpagne dé-
fendirent d'enlever aux Indiens les Terres

qu'ils possédoient au tems qu'ils étoient encore infideles ou avant la conquête ; les mêmes Loix ordonnerent, qu'on ne chargeroit point de tributs & d'impôts ces premieres possessions ; ainsi le rapporte Solorzano, liv. 2 de la politique indienne, chap. 19. § 90 col. 1 à la fin, & au tom. 2. *de Jure Indiarum*, liv. 2, chap. 1, n. 23 ; qu'on ne transporteroit pas les mêmes Indiens par force ni par violence de leurs Terres naturelles en d'autres Terres éloignées. Voyez le même Sorlozano *de Jure Indiarum*, tom. 2, liv. 1, chap. 5, n. 61 & 62, & chap. 14, n. 88 & 89.

Les Loix de Portugal ont en vue le même objet, comme il paroît par les Loix indiquées dans les réflexions, sur l'art. 1 de la Cedule du premier Avril 1680, l'Article 54 s'y rapportant expressément, ayant été de plus inséré dans la Loi du 6 de Juin 1755, pour être exactement observé.

Ainsi l'ont décidé les Bulles des Souverains Pontifes rapportées dans les reflexions sur le susdit article ; & cette vérité ne peut souffrir aucun doute, parce que le Domaine des Biens étant le premier effet de la liberté des personnes, les Indiens ne pouvoient en être privés contre leur volonté, étant libres en leurs personnes, suivant tous les droits.

TROISIEME POINT.

Usurpation des Cures perpétuelles chez les mêmes Indiens.

Le Docteur Solorzano, tom. 2, Livre

3 *de Jure Indiarum*, chap. 16, n°. 1, 35, 36, 38, 39, 40 & 41, prouve par plusieurs textes, & par l'autorité d'un grand nombre de Docteurs la défense faite aux Jésuites, en tant que réguliers, d'obtenir des Bénéfices-Cures. Le même Docteur ibid n°. 2 & 7 jusqu'au 11 inclusivement, prouve qu'en conséquence de la défense, il fallut que les Rois des deux Royaumes obtinssent des Souverains Pontifes Leon X. Adrien VI, Paul III, Clement VII, & Pie V, les dispenses nécessaires aux Réguliers, pour administrer, comme Curés, les Sacremens aux Indiens, durant le tems seulement qu'il n'y auroit pas un nombre suffisant de Clercs séculiers pour acquiter les mêmes fonctions ; les Bulles des susdits Pontifes ayant été acceptées & exécutées dans cet esprit par les décrets des Rois de Portugal & d'Espagne, comme le même Solorzano le prouve amplement, tom. 2, Liv. 3, Chap. 16, & n°. 7 jusqu'au n°. 11, d'où il résulte que l'administration des susdits Religieux étant précaire, & aux droits seulement des Clercs séculiers à leur défaut, aussitôt que le nombre suffisant de ceux-ci sera rempli, les Curés réguliers doivent se retirer dans leurs Cloîtres, par principe de conscience qu'on ne sauroit nier pour plusieurs autres raisons de politique & de convenance que le même Solorzano discute avec soin, *ubi proximè suprà*, depuis le nombre 27, jusqu'au nombre 44, & dans la politique indienne, liv. 4, chap. 16 en entier. On

peut juger delà du grand pouvoir, ou plutôt du grand art, par lequel les susdits Religieux se maintiennent jusqu'à présent dans ces Paroisses contre les Loix divines & humaines, pour y faire soulever & révolter les Indiens contre leurs Rois & Maîtres naturels, au lieu d'y procurer le service de Dieu : conduite inouie & incroyable au tems de Solorzano, & plusieurs années depuis jusqu'à ces jours, où la notoriété publique a mis ces faits dans la plus grande évidence.

QUATRIEME POINT.

Usurpation du Gouvernement temporel des mêmes Indiens.

IL est étroitement défendu à tous Curés réguliers de se mêler du gouvernement temporel ou politique des Missions ; cette défense est expressément marquée dans la Bulle *Sacro-Sancti Apostolatus* d'Alexandre VII, qui est la quarante-sixiéme, selon l'ordre du Bullaire Romain, & renouvellée par celle de Clément IX *In excelsa*, *n.* 38, dans le même Bullaire, toutes deux conforme au droit canonique, qui défend à tous les Ecclésiastiques de se mêler du gouvernement séculier ; le texte est formel au chapitre *Sed nec 4. ne Clerici vel Monachi*, défense qui a encore plus de force vis-à-vis les Peres de la Compagnie de Jesus, qui par vœux sont inhabiles à exercer la Jurisdiction même Ecclésiastique dans le fort externe, comme le rapporte

Sauches sur le Décalogue, liv. 6, chap. 28, n. 28.

Il s'enfuit de-là, que le gouvernement des Principaux & des Caciques, est bien plus convenable & plus adapte au génie de ces Peuples, plus conforme à la Nation, aux Coutumes, aux Loix & aux Ordonnances Royaux, comme le même Solorzano le prouve amplement, tom. 2 *de Jure Indiarum*, liv. 1 chap. 26, & spécialement n. 11, 18 & 38.

Quant aux Magistrats supérieurs auxquels on doit avoir recours, voyez le même Auteur, tom. 2, liv. 4, c. 2; il est également admirable dans le jugement qu'il porte sur l'honoraire des susdits Magistrats, tom. 2, liv. 1, chap. 18 & suivans.

C'est en vain que ces Peres ont recours à leurs subterfuges ordinaires, en voulant persuader que les Indiens sont dépourvus du sens commun, & incapables d'un gouvernement politique, vu que la raison, l'autorité, l'expérience, démontrent évidemment le contraire; on peut lire sur ce sujet Bachobius au § 4 des Institutes du droit des personnes, où il nie qu'on puisse trouver de semblables nations d'hommes insensés; Solorzano, tom. 2, liv. 1, chap. 24, n. 14, s'acorde avec lui, avec Pline & autres Auteurs, en produisant des témoignages certains du bon naturel des Indiens & de leur capacité pour le gouvernement, au même tome 2, liv. 10, chap. 25, n. 27 & 80.

CINQUIEME POINT.

Usurpation du Commerce de Terre & de Mer des mêmes Indiens.

La défense rigoureuse de négocier ou de faire le commerce, comprend tous les Ecclésiastiques, cela paroît par les textes, *in cap.* 2, *institut.* 6, *ne Clerici vel Monachi*; mais elle lie d'une maniere plus étroite les Missionnaires, comme on le peut déduire du chap. 10, vers. 9 de l'Evangile selon St Mathieu, & de la peine d'excommunication majeure, *lata sententia*, portée par la Bulle d'Innocent VIII, *ex debito* §. 8, au nombre 126, selon l'ordre du Bullaire Romain. Solorzano *de Jure Indiarum*, tom. 3, liv. 3, chap. 18, n. 23 & 24, elle a été confirmée & de nouveau autorisée par Benoît XIV, par sa Bulle, qui commence ainsi : *Apostolici servitutis*, *n.* 13 *du Bullaire.*

Il est certain qu'à l'exception de la vente des choses superflues & de l'achat des choses nécessaires, tout négoce est interdit, même celui qui provient du travail des mains quand il blesse la bienséance, qui convient aux Clercs & aux Religieux : ainsi s'explique Gonzales, telles sur le texte *in dicto cap. secundùm instit.* 6, *ne Clerici vel Monachi, n.* 6 & 7, conformément à la tradition unanime des Docteurs, & à la regle expresse du liv. 4, tit. 16 ; étant plus certain encore que la commission donnée aux Indiens de chercher des drogues dans

les campagnes pour les vendre, ensuite de
saler des viandes & du poisson, pour la même fin, de faire amas de cuirs pour s'en dé-
faire par la même voie & autres négoces
de cette nature, ne peuvent être regardés
comme des ventes de choses superflues ou
des achats des choses nécessaires, ni comme le fruit du travail légitime des mains ;
mais plutôt comme un commerce réel &
véritable dans la rigueur du terme, comme une contractation entre Marchands, in-
terdite par les Loix de ce Royaume, même aux Gouverneurs & aux Ministres séculiers, ainsi qu'il est expressément mar-
qué dans les Edits & Ordonnances du liv.
4, tit. 15, & dans les deux Cédules du 27
Février 1713, & du 31 Mars 1680, dans
la Loi du 29 Août 1720, & dans un autre
Cédule du 27 Mars 1721, nonobstant tous
les subterfuges que ces hommes endurcis
employent pour pallier les terribles censures qu'ils ont encourues depuis plusieurs
années comme Négocians.

C'est en vain qu'ils voudroient persuader que leur commerce & leur négoce ont
des fins bonnes & convenables, comme
d'engager les Indiens à bâtir des Eglises
& à les orner ; comme de procurer des vêtemens aux Indiennes, afin qu'elles puissent aller aux Eglises avec décence ; comme de les secourir toutes, & de subvenir à
leurs différens besoins dans leurs maladies.
Qui ne voit que ces raisons prétendues ne
peuvent mériter attention, que toutes ces
fins sont gratuitement imaginées & sans

effet ; par quel privilege ces Peres peuvent-
ils faire une faute ſi groſſiere & d'une con-
ſéquence ſi pernicieuſe , telles que d'en-
fraindre les Conſtitutions Apoſtoliques &
les Loix Royales, & de pratiquer , ſous la
profeſſion de Miſſionnaire , ce qui eſt ſé-
vérement défendu ; quand même il réſul-
teroit d'un ſi grand mal un bien auſſi grand
qu'ils veulent faire accroire contre la vérité connue de tout le monde, que les Indiens vont nuds, qu'ils manquent preſque
de nourriture & de ſecours, & que ces
Peres charitables amaſſent par ces moyens
illicites de tréſors immenſes & s'enrichiſ-
ſent en apauvriſſant les Indiens.

Mais on peut ajouter à ces conſidéra-
tions que les raiſons, dont ces Peres ſe pré-
valent, ſont des prétextes ſuppoſés. En
premier lieu, celle qu'ils tirent des frais
de conduite des Indiens qu'on fait paſſer
des champs aux bourgades, parce qu'il a
été ordonné par pluſieurs Edits Royaux,
ſpécialement par celui du 28 Avril 1688,
que ces frais ſe prendroient, comme on les
a toujours pris ſur le tréſor royal, & que la
piété des Rois leur avoit deja inſpiré ces
précautions dans les premiers ordres qui
furent expédiés à Chriſtoval - Colon , &
ceux qui l'ont ſuivi dans les autres décou-
vertes. La ſeconde eſt caduque, parce que
par les mêmes Loix du Royaume, il a été
ordonné qu'on établiroit des eſpeces d'her-
mitages pour les Indiens , dès qu'on les
auroit conduit des champs aux Villages ;
& qu'auſſi-tôt qu'ils y ſeroient habitués on

y bâtiroit des Eglises , dont la construction & la fabrique appartiendroit à leurs Majestés , qui en ont déjà fait bâtir un grand nombre ; & quand même le trésor royal ne fourniroit pas à la dépense, les mêmes Indiens seroient tenus à cette obligation comme paroissiens , ainsi que le prouve avec évidence Gonzales , telles *ad textum in cap. de Ecclesiis ædificandis , n.* 7°. & c'est à quoi ils ne manqueroient pas , si les susdits Religieux ne le leur rendoit impossible par le dur esclavage dans lequel ils les tiennent , & par l'usurpation qu'ils ont faite de leurs terres & de leur commerce pour accumuler des richesses aux dépens de la substance de ces infortunés Nationnaux.

La troisiéme , tirée du motif de vêtir les Indiennes, est également fausse , parce qu'on a soin de les vêtir au tems de la transmigration des champs aux bourgades, aux dépens du trésor royal , ensuite elles employent la plus petite partie de leur salaire à se procurer des vêtemens ; d'où il résulte, que non-seulement ils ne leur donnent pas de quoi se vêtir , mais qu'ils leur ôtent le moyen de le faire , & de se défendre contre la rigueur du tems dans le fort du travail personnel.

La derniere enfin , tirée de l'obligation de secourir toutes les Indiennes dans leur maladies , est également fausse & supposée , parce que c'est un fait notoire dans toute l'Amérique que les Indiens malades, comme sains , vivent & se procurent leur

propre subsistance par le travail de leurs
mains, qu'ils sont le seul jour libre, que
ces Religieux leur accordent chaque se-
maine, qui, dans le Brésil & dans le Ma-
ragnon, est le Dimanche consacré à Dieu
de droit divin.

Quand même nous leuraccorderions,
que l'obligation qu'ils prétextent pour se
maintenir dans leur gouvernement vio-
lent & tyrannique seroit réelle & nécessaire, elle ne pourroit les excuser en rien,
parce qu'elle seroit toujours étrangere aux
Missionnaires, & non propre, comme elle
le devroit être, pour qu'il leur fût permis de
négocier dans le terme étroit du devoir,
comme le rapporte Barbosa, *de Jure Ec-
cles.* liv. 1, chap. 40, n°. 119, & cette
obligation propre & de nécessité, à la-
quelle les Rois des deux Royaumes ont
pourvu & pourvoient par des secours convenables, par des congrues suffisantes, ne
leur permettroit le négoce que pour le cas
précis de se procurer le nécessaire, mais
non jamais pour le négoce qu'ils exercent.
Cette décision est certaine & reconnue,
même par leurs propres Docteurs, ainsi
que le décide Molina, *de just. & jur. disput.*
319, n. 4, ni pour étendre un tel commerce, au point d'accumuler des trésors
immenses, qu'ils ont transporté & qu'ils
transportent actuellement des deux Amériques, au su de tout le monde.

I